X

23787

# EXPOSÉ

D'UNE

# NOUVELLE DACTYLOLOGIE

ALPHABÉTIQUE ET SYLLABIQUE,

INDISPENSABLE AUX PERSONNES QUI VEULENT COMMENCER L'INSTRUCTION
DES SOURDS-MUETS,

PAR LE DOCTEUR **DELEAU** JEUNE,

Médecin de l'Hospice des Orphelins de Paris, pour les maladies de l'oreille;
Membre de l'Académie Royale de Médecine de Madrid; de la Société d'Émulation
de Cambrai; des Sociétés de Médecine de Bordeaux, de Metz, de Chaalons,
d'Évreux, etc.

MÉMOIRE LU A L'ACADÉMIE DES SCIENCES DE PARIS LE 14 DÉCEMBRE 1829.

## CAMBRAI,

DES PRESSES DE A. F. HUREZ.

MARS MDCCCXXX.

# EXPOSÉ

D'UNE

# NOUVELLE DACTYLOLOGIE

ALPHABÉTIQUE ET SYLLABIQUE,

INDISPENSABLE AUX PERSONNES QUI VEULENT COMMENCER L'INSTRUCTION
DES SOURDS-MUETS,

PAR LE DOCTEUR **DELEAU** JEUNE,

*Médecin de l'Hospice des Orphelins de Paris, pour les maladies de l'oreille; Membre de l'Académie Royale de Médecine de Madrid; de la Société d'Émulation de Cambrai; des Sociétés de Médecine de Bordeaux, de Metz, de Chaalons, d'Evreux,* etc.

MÉMOIRE LU A L'ACADÉMIE DES SCIENCES DE PARIS LE 14 DÉCEMBRE 1829.

---

« S'il n'y a pas d'instruments d'un nouveau
» genre à procurer au sourd-muet, ne peut-on
» pas du moins donner une forme meilleure à ceux
» qu'on lui prête ? »

DE GÉRANDO, *Éducation des Sourds-Muets
de naissance,* Paris, 1827, 2ᵉ vol., page 350.

L'IMITATION des lettres de l'alphabet par diverses positions des doigts, a toujours fait partie des moyens employés pour l'instruction des sourds-muets.

Les partisans des signes méthodiques, ceux qui ont préféré l'alphabet labial, ainsi que les personnes qui ont adopté l'écriture, pour communiquer avec ces infortunés, ont aussi fait usage de la Dactylologie. Tous lui ont donc reconnu des avantages que les autres modes de communication ne peuvent remplacer ; on n'a pas toujours à sa disposition, une plume, un crayon, ou l'on n'est pas toujours à même de s'en servir, tandis qu'on peut employer une main pour converser à la promenade, à table, et même pendant la nuit.

Bien convaincu de l'indispensable nécessité où se trouvent les sourds-muets d'employer cet instrument dont l'usage date de l'époque des premiers efforts que l'on a fait pour leur éducation, j'ai cherché à obvier aux inconvéniens assez nombreux qui se rencontrent dans les procédés dactylologiques connus jusqu'à ce jour.

Ces inconvéniens ont rapport aux sourds-muets ou aux personnes qui veulent communiquer avec eux : tel est au premier rang le petit nombre d'individus qui connaissent l'alphabet manuel ; vient ensuite l'obligation où l'on se trouve d'acquérir une certaine habileté, soit pour s'exprimer avec vitesse, soit pour lire sans fatiguer l'attention.

Les inconvéniens qui se rattachent aux sourds-muets sont bien plus graves; malgré l'habileté qu'ils peuvent acquérir, que de lenteur dans l'exécution! que de lettres il faut figurer!

L'alphabet adopté dans l'Institution de Paris, basé sur les élémens de l'écriture ordinaire, partage et l'informe assemblage des lettres et leur nombre qui a si peu de rapport aux sons primitifs de la parole. Le sourd-muet le plus intelligent, le plus perfectible, n'y trouve ni moyen d'abréviation ni perfectionnement à apporter dans la pratique. La plupart des sons simples y sont figurés par deux et quelquefois par trois positions assez composées, comme on le voit pour *an*, *in*, *on*, *un*, *au*, *eu*, *ou*, *ill*, *ch*, *gn*, *ph*, etc.

Chaque mouvement nécessaire pour passer d'une position à une autre, exige en général le concours du déplacement de plusieurs doigts et des mouvemens de la main entière. Si l'on veut marquer les accens, les apostrophes et les intervalles des mots, les longueurs se multiplient et l'embarras redouble.

Cette Dactylologie alphabétique est donc très défectueuse. La ressemblance que l'on a cherchée dans la forme de ses élémens et ceux de l'écriture ordinaire, ne peut compenser ses défauts.

Je suis forcé de faire les mêmes reproches aux Dactylologies syllabiques qui exigent l'emploi des deux mains, telle que celle qui est enseignée en Allemagne par M. Wolke. Malgré sa promptitude pour peindre une phrase, une période, les sourds-muets lui préféreront toujours l'alphabet manuel qui s'exécute avec une seule main, en ce que celui-ci peut être mis plus facilement en usage pendant le cours d'un travail manuel, à la promenade et durant les repas.

La Dactylologie de M. Recoing, si justement appelée *tachygraphie manuelle* par M. De Gérando, est plus convenable que celle du professeur de Leipsick que je viens de citer ; mais malgré ses avantages elle présente beaucoup d'inconvéniens ; elle est contrainte d'employer un grand nombre de signes pour représenter les syllabes ; elle est difficile à apprendre ; elle exige une très grande habitude pour être mise en usage et comprise sans hésitation.

Tous ces inconvéniens étant bien connus, j'ai cherché à les éviter.

Mon instrument est la main nue, ou mieux, revêtue d'un gant dont les doigts sont divisés par des traits qui correspondent aux articulations des phalanges des quatre derniers doigts. Le pouce est chargé d'indiquer les lettres ; il sert de touche dont chaque mouvement forme une syllabe composée de deux, trois et quelquefois quatre signes alphabétiques. Souvent même il (le mouvement) représente un mot.

L'alphabet peint sur les phalanges est la représentation exacte des élémens de la parole, chaque signe est l'image d'un son. Les voyelles occupent le bord radial des doigts; les consonnes sont placées sur leurs faces antérieures; on voit sur l'index les sons sifflans *f-v; s-z; ch-j*. Sur le médian les linguales *r, l, ill*. Sur l'annullaire, *m, n, gn*. Et enfin on lit sur l'auriculaire les explosifs *p-b; t-d; c-g*....

Les voyelles *a, é, e* et leurs dérivés *an, è-ai, eu*, occupent le bord radial de l'index; *i-in; o-au; on-ou*, sont sur le doigt suivant; *u-un; ue-oi; y-ï* sont rangés sur l'annullaire, toujours sur le bord radial.

Cet alphabet suffit pour représenter tous les sons de la langue française; il est même beaucoup plus exact peut-être que tous ceux que l'on a donnés jusqu'à ce jour. Mais comme je désire qu'il ait les suffrages de tout le monde et même des personnes qui ne peuvent se défaire d'une routine qui vicie une des plus sublimes inventions humaines, l'art de rendre la pensée éternelle, j'ai ajouté au-dessus des articulations carpo-phalangiennes, en procédant de l'index au dernier doigt, les sons simples représentés par *qu, k;* le son double écrit par *x* et l'expiration (aspiration) figurée par *h*.

Étudions maintenant la manière de se servir de ces caractères écrits en lettres capitales.

La main est étendue ; la face palmaire est placée de manière à être vue par les deux interlocuteurs ; les doigts sont écartés.

L'ongle du pouce, que je nomme *touche,* qui lie, articule les sons par un mouvement, comme les ligamens unissent, assemblent deux os, indique les premières lettres qui occupent la même case phalangienne.

La pulpe du même doigt se pose sur la même division digitale, pour marquer la seconde série des sons, soit voyelles, soit consonnes.

Toutes ces dispositions étant bien comprises, il suffit maintenant pour être entendu, même par les personnes qui voient cet instrument pour la première fois, de parcourir avec la touche toutes les lettres transcrites sur les doigts ou sur le gant. Ainsi le sourd-muet qui a terminé son éducation et qui rentre sous le toit paternel, vole près de sa mère, lui donne cet instrument dactylologique, lui témoigne et lui fait comprendre les sentimens qu'il éprouve, en lui indiquant successivement avec le pouce les caractères tracés sur cette peau, qui devient à l'instant le tableau de sa pensée. Ces communications réitérées impriment en peu de temps dans la mémoire la position de chaque lettre ; il faut au plus huit jours à la mère et à l'enfant pour abandonner le gant qu'ils réservent aux personnes étrangères à leur langage. C'est alors que la main, transformée par l'habitude en un organe parlant, devient capable d'exprimer les idées avec une promptitude remarquable; elle acquiert en peu de temps la facilité de tracer une, deux et souvent trois syllabes par une seule position du pouce. Les diphthongues les plus composées telles que *ian, ion, ouan, ouin* se peignent par un seul mouvement. Il en est de même des consonnes assemblées *pl, str, chm, spl,* etc.

Ces premiers avantages que possède mon alphabet sont donc, comme je viens de le faire pressentir, de n'exiger aucun effort de mémoire, de mettre tout le monde à même de converser à la première entrevue avec les sourds-muets, de n'être pas plus embarrassant et d'être cependant presqu'aussi prompt dans ses résultats, que l'appareil de la parole. Cette dernière assertion sera prouvée par les développemens qui vont suivre.

M. De Gérando, dans son estimable ouvrage sur les sourds-muets, regrette qu'on n'ait pas encore fait, pour ces infortunés, l'essai de quelque procédé d'écriture abrégée. Ce vœu est accompli par ma nouvelle Dactylologie qui est la représentation fidèle de l'écriture ordinaire ramenée à la simplicité du langage parlé.

Elle représente des signes aussi simples et en

même nombre que les syllabes phoniques. Ces signes, pris dans les élémens de la langue parlée et de la langue écrite, forment des groupes qui n'offrent pas plus d'équivoque à l'œil qu'à l'oreille. Ainsi le sourd-muet lit par syllabes comme l'individu qui entend et qui parle. La différence qu'il y a entr'eux c'est que celui-ci rapporte le mot *arbre*, par exemple, à deux sons, tandis que le premier l'assimile à deux mouvemens du doigt indicateur des signes de l'écriture.

Trouve-t-on cette simplicité dans la Dactylologie alphabétique? non sans doute; car en copiant le même mot par ce mode de communication, il faut exécuter quatre mouvemens et figurer cinq positions. Si ce seul exemple ne suffisait pas pour démontrer l'immense avantage de mon nouveau procédé, on pourrait analyser, comme je viens de le faire pour *arbre*, le mot *perpendiculairement* et autres semblables.

Qu'on juge maintenant des résultats que mon moyen de communication doit avoir sur la pensée!.... Par son usage, les sourds-muets vont donc retrouver une partie du temps qu'ils ont perdu; ils vont débuter dans leurs études, comme ceux qui entendent et qui parlent; leurs élémens de lecture seront les mêmes; comme eux, ils diviseront les mots par groupes et non par lettres, qui ne sont, pour ces êtres disgraciés de la nature, qu'un assemblage d'une multitude de signes qui surchargent leur mémoire, et rendent leur travail au moins aussi pénible que celui qu'exige l'étude de l'écriture idéologique.

Qu'on ne s'y méprenne pas ; le peu d'instruction que l'on rencontre dans les sourds-muets, ne doit être imputé qu'au mode de lecture qu'ils suivent dans les institutions de France. Les élèves de Péreire n'ont fait des progrès si rapides que parce qu'ils divisaient, comme nous, les mots par syllabes, et parce que leurs signes étaient en rapport avec l'articulation qui opère cette division.

Ces vérités sont bien exprimées par M. De Gérando quand il dit :

« Les signes d'une Dactylologie syllabique
» peuvent devenir, par une association directe,
» les représentans immédiats des idées. Dès-
» lors, beaucoup plus simples que ceux de l'écri-
» ture, ces signes offriront à la pensée un pivot
» mieux détaché, un signal mieux déterminé,
» un point de ralliement plus saillant. »

*( 2.° vol., page 394. )*

Le même auteur, qui se plaint toujours de l'extrême lenteur de la Dactylologie ordinaire, et de la multiplicité de ses signes, dit plus loin :

« Ne serait-il pas possible d'imaginer, pour

» le sourd-muet, une tachygraphie particulière.
» C'est un problème à tenter. »

Eh bien ! il est résolu, ce problème, et d'une manière d'autant plus exacte, que ma tachygraphie conserve, comme le désire ce philosophe, de l'analogie avec l'écriture alphabétique. Elle présente même plus d'avantages qu'on ne pouvait l'espérer, puisque ce système n'exigera aucune étude de la part des personnes qui voudront communiquer avec les sourds-muets. Voici en quoi il consiste.

En employant mon gant dactylologique, ne marquez que les lettres phoniques ; vous aurez la représentation exacte des organes de la parole. Le nombre des positions et des mouvemens d'organes seront absolument les mêmes. Ce langage parlé ou écrit, tel qu'il aurait dû être dans son origine, ne reconnaît aucune lettre nulle pour la prononciation : il rejette les lettres étymologiques et il admet à peine quelques lettres caractéristiques.

Une telle écriture, lue à haute voix, sera comprise par tout le monde ; le sourd-muet seul aura besoin d'en faire une étude particulière. Voici, pour lui, le procédé que l'on mettra en usage ; il est aussi simple dans son emploi, que facile à retenir.

Lorsqu'on commencera à lui inculquer les

élémens de la lecture, il faudra séparer les mots par syllabes, comme on le fait en général pour les enfans ordinaires; et toutes les fois qu'une syllabe sera composée de deux ou trois lettres qui ne formeront qu'un son, on accouplera ces caractères par un trait d'union courbé ⌣, et on fera remarquer que ces lettres se trouvent aussi réunies sur le gant dactylologique.

Enfin, quand une lettre phonique sera accompagnée de lettres nulles, étymologiques ou caractéristiques, on la surmontera d'un point qui servira pour ainsi dire de pivot auquel viendront se joindre toutes les autres couvertes d'un trait.

Ce trait prendra les formes suivantes, reproduites sur la première planche.

$\hat{a}$, $\widehat{ai}$, $\acute{e}$, $\bar{o}$. $\underset{\frown}{an}$, (1) $\underline{in}$, $\underline{on}$, $\underline{un}$. $\breve{c}$ $(k)$ $\d{s}$.

Souvent on pourra se borner à placer un point ou une ligne sous les lettres qui sont nulles pour la prononciation.

Ces traits placés sur les lettres pourront être pris pour les lettres mêmes ; c'est-à-dire, qu'on leur assignera la même valeur, afin que si on les pose sur d'autres caractères, ils indiquent que

---

(1) Ces signes doivent être sur ces voyelles nasales ; il faut les colorer afin de les distinguer du même signe noir placé sur $\bar{o}$, $\overline{eau}$, $\overline{aux}$, etc.

les personnes qui entendent et parlent, donnent le même son à toutes ces figures ; ainsi *em*, *en* qui seront surmontés du trait ⌣ ne signifieront pas autre chose que *an*.

On comprend facilement quel est mon but en faisant toutes ces remarques aux sourds-muets, et quel secours ils en tireront, si, plus tard, on veut leur apprendre l'alphabet labial. ( *Voyez l'explication de la* 1$^{re}$ *planche.*)

Dans un prochain mémoire sur la lecture, je développerai tous les avantages que me procure ce nouveau système de signes. (1)

---

(1) Dans un ouvrage intitulé *Télémaque français et anglais*, Paris, 1830, par M. Boniface, on a employé des signes qui ont le même but que les nôtres. Nous sommes très flatté de ce rapprochement d'idées ; c'est une garantie de plus pour la bonté de notre méthode de lecture, que nous avons déposée à l'Académie des Sciences il y plus d'une année.

## PREMIÈRE PLANCHE.

( 1 ) Nous pensons qu'il est inutile de remarquer que le sourd-muet finira par s'habituer à faire cette division des mots sans employer les signes ; l'ouïe nous guide pour opérer ce travail ; le sourd-muet arrivera au même but en rapportant chaque syllabe à un mouvement du pouce qui représente deux élémens ou positions. S'il a appris l'alphabet labial, il retrouvera le même nombre d'élémens et des mouvemens analogues.

( 2 ) Pourquoi dans la Dactylologie n'a-t-on pas évité de représenter un son par deux lettres ?

Est-il donc utile d'instruire le sourd-muet des défauts de notre écriture ? L'organe de la parole ne prend qu'une position pour émettre cette voyelle ; il était donc essentiel que la main fît de même.

( 3 ) Ce *c* renversé placé au-dessus de *qu* indique que ces derniers caractères représentent le même son. La note précédente est aussi applicable à cette surabondance de lettres.

( 4 ) Cet accent qui couvre trois lettres est le signe de l'*e* ouvert. En Dactylologie sténographique, il suffit de le représenter. Les personnes qui entendent lui donnent le son convenable et le comprennent. Le sourd-muet le traduit par *ets*.... Il en sera de même pour les signes qui couvrent les lettres *ais*, *et*, et autres.

( 5 ) *x* est une preuve qu'on peut facilement représenter deux sons par un seul signe. Le premier trait de cette lettre prend le signe du *c* ; le second, celui de l'*s*. Le sourd-muet qui apprend à parler saisit de suite la double valeur de ce caractère.

**DEUXIÈME PLANCHE.** (*Fig.* 1 *et* 2.)

Cet alphabet peut être écrit sur un gant pour être donné aux personnes qui n'ont fait aucune étude de la Dactylologie.

On indique les lettres avec le pouce. Lorsque deux sons sont représentés sur la même phalange, l'ongle marque le premier, la pulpe sert à indiquer le second.

Les sons ou bruits sifflans placés sur le doigt indicateur sont rangés d'après l'analogie qu'ils ont entr'eux. J'ai dû suivre cette même règle pour les explosifs qui occupent le petit doigt.

Je pouvais me borner à peindre les cinq voyelles; mais c'eût été retomber dans l'inconvénient que présente l'écriture ordinaire; les voyelles composées de plusieurs lettres eussent exigé l'emploi de plusieurs signes, et ma Dactylologie n'eût plus conservé d'analogie avec le mécanisme du langage parlé.

**TROISIÈME PLANCHE.** (*Fig.* 3.).

Cette disposition des lettres donne beaucoup de facilité pour peindre les syllabes par une position seule ou accompagnée d'un mouvement.

Les consonnes explosives sont indiquées par les deux derniers doigts plus ou moins recourbés dans la paume de la main ; on désigne en même temps les autres lettres avec le pouce, comme dans les figures précédentes.

*Figure 4.*

Le petit doigt est courbé dans le centre de la main, sur la ligne du milieu ; il indique *t* ; la pulpe du pouce appuie sur le bord radial de la première phalange du médian, il marque *ou* ; il faut lire *tou*. Si le pouce était moins avancé sur la phalange et que l'ongle appuyât comme on le voit dans la figure 5, il faudrait lire *ton*. etc.

### QUATRIÈME PLANCHE. (*Fig.* 5.)

Les deux derniers doigts reposent sur la première ligne ; ils sont étendus autant que possible ; ils représentent *b* ; l'ongle du pouce appuie sur le bord radial de la première phalange du médian ; il figure *on* ; lisez la syllabe *bon*.

### *Figure* 6.

Le petit doigt s'étend le moins possible dans la paume de la main ; il représente *c* ; l'ongle du pouce appuie sur le centre de la seconde phalange de l'indicateur, où est écrit *s* ; il faut lire *cs*. Si on reportait le pouce sur le bord radial de la même phalange, on figurerait *cd* avec l'ongle et *çai* ou *cè* avec la pulpe.

www.ingramcontent.com/pod-product-compliance
Lightning Source LLC
Chambersburg PA
CBHW070536050426
42451CB00013B/3046